SOCIÉTÉ DE L'HISTOIRE DE L'INDE FRANÇAISE

CATALOGUE

DES

CARTES, PLANS ET PROJETS D'ÉTUDES

DU

DÉPOT DES ANCIENNES ARCHIVES DE PONDICHÉRY

PAR LE

MAJOR H. G. TRANCHELL

CONSUL DE SA MAJESTÉ BRITANNIQUE,

SECRÉTAIRE GÉNÉRAL DE LA SOCIÉTÉ DE L'HISTOIRE

DE L'INDE FRANÇAISE

PRIX: Quatre fanons (Cinq Fs.)

<table>
<tr><td>PARIS
LIBRAIRIE ERNEST LEROUX
28, RUE BONAPARTE</td><td>PONDICHÉRY
BIBLIOTHÈQUE COLONIALE
RUE DES CAPUCINS</td></tr>
</table>

1930

CATALOGUE
des
Cartes, Plans et Projets d'Études
du
Dépôt des Annciennes Archives
de Pondichéry.

IMPRIMERIE MODERNE, PONDICHÉRY.

CATALOGUE

DES

CARTES, PLANS ET PROJETS D'ÉTUDES

DU

DÉPOT DES ANCIENNES ARCHIVES DE PONDICHÉRY

PAR LE

MAJOR H. G. TRANCHELL

CONSUL DE SA MAJESTÉ BRITANNIQUE,

SECRÉTAIRE GÉNÉRAL DE LA SOCIÉTÉ DE L'HISTOIRE

DE L'INDE FRANÇAISE

PRIX : Quatre fanons (Cinq Fs.)

PARIS	PONDICHÉRY
LIBRAIRIE ERNEST LEROUX	BIBLIOTHÈQUE COLONIALE
28, RUE BONAPARTE	RUE DES CAPUCINS

1930

AVANT-PROPOS

Ce catalogue que j'ai établi pour la Société de
l'Histoire de l'Inde Française, des cartes et plans que
possède le Dépôt des anciennes Archives de Pondichéry
et dont elle a la garde, est un simple inventaire uniquement destiné à appeler l'attention sur une collection qui,
malgré des lacunes fort regrettables, a une bonne valeur
historique. Je me suis, en effet, borné à reproduire les
titres et dates inscrits sur les documents, en les complétant par l'indication de leurs dimensions et de l'état
actuel de leur conservation.

Certains de ces documents cartographiques mériteraient une description plus complète   Il serait intéressant de remonter à leur origine, de rechercher les
circonstances historiques qui les avaient nécessités et de
souligner les indications qu'ils donnent sur la topographie, les limites territoriales, la position des travaux de
défense, etc.   Ceci exige des recherches et études que
mes occupations ne me permettent pas d'entreprendre
et aussi pour en noter les résultats, une plume plus
experte en la langue française que la mienne.

J'ai conservé à ces documents les numéros d'ordre
que leur a attribués une commission administrative
qui avait été chargée il y a plus de 50 ans, de les inventorier et de les classer.   Les procès-verbaux des travaux
de cette commission et l'inventaire qu'elle a dressé
existent au Dépôt des Archives.   Il m'a été ainsi possible de m'assurer de l'existence de tous les documents
inventoriés à cette époque.

Pour le classement, j'ai adopté trois grandes divisions, subdivisées elles-mêmes en séries alphabétiques, savoir :

1. PONDICHÉRY . . . . Séries A et B

2. ÉTABLISSEMENTS SECONDAIRES, DÉPENDANCES ET LOGES.

CHANDERNAGOR . . . . . . Séries H
KARIKAL . . . . „ D
MAHÉ . . . . „ E
YANAON . . . . „ F
VILLENOUR . . . . „ C

3. DIVERS : MADRAS, BOMBAY, CALCUTTA etc.

Je complète ce catalogue par quatre appendices. Je donne dans le premier la description d'une grande carte, en dix sections, des opérations militaires de l'armée française du Général Marquis de Bussy, sur la côte Coromandel, pendant les années 1782 et 1783. Cette carte à très grande échelle et d'une cartographie très soignée a été offerte à la Société de l'Histoire de l'Inde Française par Mr. Henri Gaebelé, ancien Sénateur et l'un des membres fondateurs de cette société. Elle provient de l'une des plus anciennes familles de Pondichéry et constitue un document de premier ordre pour qui veut étudier les mouvements et les combats du corps expétionnaire que la France envoya, sous les ordres de Bussy, pour créer une diversion dans l'Inde durant la guerre de l'indépendance des colonies anglaises de l'Amerique du Nord. Cette carte est en parfait état de conservation et l'orthographe des noms des villes indiennes, suivant la prononciation française, est fort originale.

L'appendice II est une liste de copies obtenues par la photographie de vieilles cartes dont les originaux sont à

Paris. Ces copies, qui ont été longtemps conservées dans les bureaux du Gouvernement, à Pondichéry, sont maintenant au Dépôt des anciennes Archives (Bibliothèque publique).

L'appendice III donne la liste des anciennes cartes de Pondichéry et de ses environs qui existent au Record Office de Madras, à la disposition du public.

Enfin l'appendice IV reproduit l'inventaire des cartes et plans que le Général de Bellecombe remit, en 1778, en dépôt, à M. Blin de Grincourt, avant la reddition de Pondichéry aux anglais. On sait avec quel soin et quelle fidélité M. Blin de Grincourt s'acquitta de la mission qu'il reçut de conserver les archives de la Compagnie-Française des Indes. Aussi la plupart des cartes et plans figurant sur cette liste se retrouvent dans le catalogue que nous publions. Ils portent dans l'appendice les lettres et numéros de leur classement actuel.

Il est à noter que le dépôt des anciennes Archives de Pondichéry ne possède aucun plan de cette ville antérieur à 1756. De cartes Marines, donnant les sondages de la rade de Pondichéry. il n'en existe qu'une, celle cataloguée sous le N° 4 lettre A. Le Dépôt des Archives Bon possède, non plus, aucune gravure ni estampe des XVIIe et XVIIIe siècles. La société de l'Histoire de l'Inde Française a entrepris de constituer une collection de portraits gravés sur bois. Elle en a déjà réuni un certain nombre qui, reliés en un volume, figurent au catalogue de ses livres (Catalogue des livres de la Bibliothèque publique sur l'Inde P. 98). Cette petite collection comprend notamment les portraits du cardinal de Bausset, Académicien et Pair de France et du Maréchal de Lauriston (Jacques, Marquis Law), qui fut également ment Pair de France sous la Restauration et qui tous deux sont nés a Pondichéry.

En terminant ces quelques lignes d'un court avant-propos, qu'il me soit permis d'exprimer l'espoir que, si sommaires qu'elle soient, les indications que je donne des documents cartographiques du Dépôt des Archives de Pondichéry éveilleront, tout au moins, la curiosité de tous ceux qui s'intéressent à l'Histoire de l'Inde Française et les décideront à étudier plus complètement ces documents. Il y aurait, semble-t-il, un certain intérêt à examiner les divers projets qui ont été présentés pour la reconstruction de la citadelle de Pondichéry, après la destruction en 1761 de la ville et de ses fortifications. La preoccupation dominante de ces projets était de reconstruire la citadelle plus au sud, plus à proximité de la rivière d'Ariancoupom, sur l'emplacement actuel de la plaine des Salines, du village d'Oupalom et des cimetières. Il est certain que dans cette position, la citadelle eut mieux répondu à son but qui était de protéger la ville sans nuire à son développement. Mais la France avait déjà renoncé à toute ambition politique dans l'Inde et la ville s'est rebatie dans l'étroite enceinte de ses ramparts telle que nous la voyons aujourd'hui.

Je tiens aussi, en terminant, à exprimer à M. Edmond Gaudart et à M. Georges Cornet les remerciements que je leur dois pour les renseignements et conseils qu'ils m'ont très aimablement donnés et qui m'ont été fort utiles,

Pondichéry, le 18 Septembre 1929

H. G. TRANCHELL, MAJOR.

CATALOGUE

DES CARTES, PLANS ET PROJETS D'ETUDES

DU DÉPOT DES ANCIENNES ARCHIVES DE PONDICHERY.

PONDICHÉRY:

Série A. — PLANS DE LA VILLE ET DE SES FORTIFI-
CATIONS.

Série B. — PROJETS ET ETUDES DE DIVERS TRAVAUX
DE FORTIFICATION, DE CASERNES, ARSE-
NAL ETC

1756

A 1. — ANCIENS PROJETS DE PONDICHÉRY.

No 26 — 23 janvier 1756.

« Plan du front de la ville de Pondichéry
du Costé du Nord, où l'on voit les projets des ouvrages ordonnés a faire,
arrêtés par Mr. de Leyrit, pour fortifier,
cette partie étant la plus faible et la
plus suceptible d'attaque. »

A Pondichéry, le 23 janvier 1756.

Signé DUVAL DE LEYRIT, LENOIR, DELARCHE,
GUILLARD et Etc

52 x 65 c/m.

Document original en couleur, très déchiré aux plis

1759

A 1. — PLAN du quartier d'Infanterie de SANDAIR SAIB.

No. 29, 1759.

87 x 56

Rongé par l'acide de l'encre.

1766

A 2. — PROJET POUR FORTIFIER PONDICHÉRY

No. 19, 1766.

« Projet pour le rétablissement de Pondi-chéry ».

A Pondichéry le 22 mai 1766.

Signé : BOURCET.

37 x 47

Ce plan est pour le côté Nord de Pondi-chéry.

En couleur, très déchiré aux plis.]

A 3 — PETIT PLAN DE PONDICHÉRY.

No. 24, 25 février 1766.

Un plan à l'encre, par Bourcet mais mon signé.

48 x 29.

Déchiré aux plis

A 4. — PLAN DE LA RADE DE PONDICHÉRY.

No. 14, 10 août 1766

A Pondichéry le 10 août 1766.

Signe BAYET ET LERIDE

82 x 56

Déchiré aux plis et rongé par l acide de l'encre.

1767

A 5. — PLAN DU PROJET DONNÉ PAR M. SORNAY.

No. 29, Pondichéry 1767.

« Projet donné par le Sr Sornay, Capitaine Ingénieur, pour établir sur l'ancienne enceinte de Pondichéry, l'an 1767 ».

84 x 56

En couleur, déchiré aux plis

A 6. — PLAN DE PONDICHÉRY, SELON LE NOUVEAU PROJET DE LA COMPAGNIE.

No. 24, 17 octobre 1767.

57 ⟍ 43

En couleur, rongé par l'acide de l'encre

A 7. — PLAN DE PONDICHÉRY PAR LE Sr DE RANGER SUIV . . . . LE SISTÈME DE LA COMPAGNIE.

No. 8, 1767.

« PLAN et PROFIL projettés de Pondichéry par le sieur de Ranger, Ingénieur de cette place, en 1767 ».

58 x 45

Légèrement endommage par l'acide de l'encre.

A 8. — PLAN DE PONDICHÉRY SELON LE NOUVEAU PROJET DE LA COMPAGNIE.

No. 34, 17 octobre 1767.

« Projet de fortification selon la nouvelle enceinte proposée par la Compagnie.

A Pondichéry le 17 octobre 1767.

55 x 38

En couleur, rongé par l'acide de l'encre.

1767

B 1. — Profil Général de Pondichéry No. 3.
« Grand profil général »

« Profil général de fortifications pris dans
le Nord, l'Ouest, le Sud et l'Est de la
ville.

170 x 24

Très déchiré aux plis.

B 2. — Un profil au crayon relatif a la cons-
truction de Monsieur Bourcet. 1767.

150 x 28

*Sont attachées à cette carte deux notes
par Mr. Bourcet dont l'une sur une portion d'une vieille lettre portant son
adresse.*

Legèrement déchiré aux plis

B 3 — Plan de la halle construite dans la
cour de l'arsenal.

No. 34, 6 avril 1767.

« Plan d'une halle projettée dans la cour
de l'arsenal », à Pondichéry le 4 avril
1767.

Signé. Bourcet.

Présentée au Conseil le 5 avril 1767 et
approuvé.

Signe LAW, DELASELLE, FLEURIN, NICOLAS

55 x 38

En couleur, en bonne condition sauf en un endroit

B 4. — PROFIL DE LA HALLE CONSTRUITE DANS LA
COUR DE L'ARSENAL

No. 31, 4 avril 1767.

« PROFIL de la Hale projettée, pris sur la
ligne A. B.

A Pondichery le 4 avril 1767. Bourcet.

55 x 32

En couleur et en bonne condition

B 5. — LE BATIMENT SERVANT D'ARSENAL.

No. 34, 1767.

« PLAN de magazin neuf »

Signé BOURCET

86 x 90

En couleur, très déchiré aux plis

*Le document comprend une référence à
une étude de M. Boyelleau.*

B 6 — PROJETS DE CAZERNES DE PONDICHÉRY.

No. 23, 1767.

« PLAN et PROFIL d'un corps de Cazerne
projetté pour 400 hommes, situé à l'ouest
de la place de Pondichéry »

61 x 49

Déchiré aux plis

B 7. — GRAND CORPS DE CAZERNE PROJETTÉ AU BASTION SANS PEUR

No. 2, 1767.

58 x 56

A l'encre, très dechiré aux plis.

B 8. — PLAN DES CASERNES EXÉCUTÉES SUR LA PLACE DE PONDICHÉRY.

1767.

87 x 59.

En couleur, légèrement déchie aux plis

B 100. — PLAN DU NOUVEL HOPITAL.

1767.

82 x 57

A l'encre, légèrement rongé par les insectes.

1768

A 9. — PLAN DE PONDICHÉRY.

« PLAN de PONDICHÉRY arrêté par M. le Duc de PRASLIN, reçu par le « Mascarin » en novembre 1768.

No. 6.

« PLAN de PONDICHÉRY reçu en novembre 1768.

Signé DE PASSAGE

No. 4.

PLAN de la ville de PONDICHÉRY arrêté par M. le Duc de PRASLIN en février 1768.

« Vu et approuvé le 31 mars 1768. Signé le Duc de Praslin ».

Remis et signé par M de Passage

70 x 52

Tres abımé par l acıde de l encre

B 10 — Petit plan de Pondichéry

No. 24, 1768

42 x 27

A l'encre et en bonne condıtıon

B 11. — Plan du retranchement fait en 1768.
No. 24.

81 x 57

A la plume. legerement ronge par les ınsectes

1769

A 10. — Plan de Pondichery visé par M la
Duc de Praslin envoye par le Gange
« Pondıchéry 1769 »

No. 7, 1769.

« Vu et approuvé le 23 févrıer 1769.

«Sıgne le Duc de Praslin»

64 x 48

En couleur tres endommagé par l acıde de l'encre

A 11. — Plan de raccordement de la fortifı-
cation de Pondichéry, approuvé par
Messieurs du Conseil Supérieur d'Administration le 7 decembre 1769

« Pondıchéry 1770 ».

No 13

76 x 55

En couleur. endommagé aux plıs.

A 12 — Plan de raccordement de Pondichéry par Mr. Des Claisons, adopté par le Conseil le 7 décembre 1769 avec le profil.

« Pondichéry 1769. Fait à Pondichéry le 12 novembre 1769, signé : Desclaisons. » approuvé et reçu en Conseil Supérieur d'Administration conformément à la délibération de ce jour, 7 décembre 1769.

Signé Law, Lagrenée, Tremison, Abeilll et Martin.

74 x 52

En couleur, très endommagé par l'acide de l'encre.

B 12. — Projet envoyé par la Compagnie en 1769.

58 x 44

En couleur, très endommagé par l'acide de l'encre.

B 13. — Projet de Fortification 1769.

No. 13.

« Pondichéry 1769. Fortification.

« Fait à Pondichéry le 12 décembre 1769.

Signé Desclaisons.

55 x 41

A l'encre et en bonne condition.

B 14 — Pondichéry 1769.

No. 24.

« Disposition proposée pour le raccordement du Bastion de St. Louis avec le Bastion d'Orléans. »

50 x 32

A l'encre et en bonne condition

1770

A 13. — PLAN DE PONDICHÉRY 1770.

« Un plan de Pondichéry, No. 16 en 1770 »

112 x 81

Cette carte montre le genése de la ville actuelle de Pondichery.

En couleur, très rongé par l'acide de l encre.

B 15. — PROFIL DES NOUVELLES FORTIFICATIONS PROJETTÉES. No. 9, PONDICHÉRY 1770.

« Profil des nouvelles fortifications projettées pour Pondichery et exécutées en 8 mois de tems ».

48 x 29

En couleur, légerement rongé par l'acide de l'encre et déchiré aux plis

B 16. — COMPARAISON DU PROFIL DE FORTICATION EXÉCUTÉ EN 1769 AVEC LE PROFIL ORDINAIRE EXECUTÉ EN 1770, AVEC LE RAPPORT DU NIVEAU DE LEURS FONDATIONS.

No. 13

« Reçu et approuvé au Conseil Supérieur d'Administration à Pondichéry le 7 décembre 1769.

Signe LAW, DE LAGRENEE, MARTIN etc

207 x 28

En couleur, légerement déchiré aux plis

B 17. — PLAN EN GRAND DE PONDICHÉRY MOITIÉ AU. ... LAISSÉ PAR M. BOURCET 1770

105 x 63

Cette carte paraît être un plan de l'enceinte nouvelle et montre l'emplacement de l'ancienne citadelle.

A l'encre, très endommagé aux plis, un morceau manque

B 18. — PLAN ET PROFIL DU FRONT DE LA MER OU DE L'EST AVEC LES RACCORDEMENTS DES FRONTS DU NORD ET DU SUD, DU **9 MAY** 1770.

« Pondichéry 1770 » « fait à Pondichéry le 9 May 1770 ».

Signé DECLAISONS.

200 x 33

En couleur, légèrement rongé par l'acide de l'encre

B 19. — FRONT DE L'EST OU DE LA MER SUR UNE ÉCHELLE DE **15** LIGNES POUR VINGT TOISES.

« Front de l'est ou de la mer levé et dessiné par Mr. Dulac ».

182 x 46

En couleur, déchiré aux plis

B 20. — FRONT DU SUD AVEC LES OUVRAGES PRO-JETTÉS SUR UNE ÉCHELLE DE **8** POUCES PAR **100** TOISES, DU **17** MARS, APPROUVÉ LE **7** AVRIL 1770.

195 x 63

En couleur, déchiré aux plis.

B 21 — RACCORDEMENT DU FRONT DE L'OUEST AVEC CELUI DU SUD, PRÉSENTÉ PAR M. DECLAISONS LE **1er** OCTOBRE 1770.

No 12.

Signé R. DECLAISONS.

192 \ 58

En couleur, sauf dechirures aux plis.

B 22. — Porte Marine 1770

No. 8

« Plan de la Porte Marine et des bâti-
mens adjacents ».

55 x 75

En couleur et en bonnes conditions.

B 23. — Plan du corps de garde de la porte
marine et de la douane.

« Plan du corps de garde de la porte
marine, plan de la douane, des maga-
sins, des boissons ou tonnellerie, et du
Bureau des classes et des troupes.

En couleur et en bonnes conditions sauf leger dom-
mage par des insectes.

B 24. — Plan des batiments de la porte marine
et du hangard qui est a cote 1770.

No. 15.

78 x 56

Légèrement rongé par l acide de l'encre.

B 25 — Profil en long sur le passage de la
porte Goudelour.

Signé Corde.

Plan intéressant par ses détails.

59 x 32

En bonnes conditions

B 26. — Plan de la fondation des piles du

PONT DONNANT A LA PORTE DE GOUDE-
LOUR.

Signé. M. CORDÉ.

93 x 28

Légèrement rongé par les insectes.

B 27. — PROFIL EN LONG SUR LE PONT DE LA PORTE
DE GOUDELOUR.

190 x 29

Légèrement rongé par les insectes

B 28. — ELEVATION DE LA PORTE DE GOUDELOUR
No. 8.

Signé : M. CORDÉ.

38 x 45

Conditions bonnes

B 29. — PLAN DU PASSAGE DE LA PORTE GOUDE-
LOUR ET DES CORPS DE GARDE.

Signé : M. CORDÉ

59 x 43

Bien conservé.

B 30. — PROFIL EN LONG SUR LA POTERNE DE LA
COURTINE ENTRE LES BASTIONS DE LA
REINE ET DE L'HOPITAL.

54 x 37

A l encre légèrement déchiré aux plis.

B 31. — PROFIL EN TRAVERS SUR LA POTERNE DE
LA COURTINE ENTRE LES BASTIONS DE LA
REINE ET DE L'HOPITAL PRIS A L'INTÉ-
RIEUR.

54 x 32

A l'encre, en bon état.

B 32. — PLAN DE LA POTERNE DE LA COURTINE ENTRE LES BASTIONS DE LA REINE ET DE L'HOPITAL.

Signe   DULAC

54 x 37

A l'encre, legerement endommage aux plis

B 34. — PLAN DE LA POTERNE QUI COMMUNIQUE A L'ÉCLUSETTE DE RETENUE DES EAUX DES FOSSEES ET DU RETRANCHEMENT QUI LES PROTEGE, AVEC PROFILS.

Signé   M DE RANGER.

90 x 32

En couleur, bien conservé

B 35. — PLAN DU BATIMENT DESTINÉ POUR SERVIR D'ARCENAL, DEPUIS CONVERTI EN MAGASIN, ET MIS EN 1770 A L'USAGE DE CAZERNES.
No. 34.

89 x 66

A l encre, endommage aux plis.

B 36. — PLAN DE L'ARCENAL, MIS A USAGE DE CAZERNES EN 1770.
No. 34.

91 x 84

En couleur, tres endommage aux plis

B 37. — PLAN DE LA PETITE BATTERIE.
No. 2, 1770.

44 x 29

A l'encre, bien conservé.

B 38. — Bastion de la petite Batterie sur une Echelle d'une ligne pour toise.

128 x 50

A l'encre rouge et noire légèrement endommagé aux plis.

B 39. — Profil Bastion de Madras.
No. 6, 1770.

« Profil pris sur la face droite du Bastion Madras ».

180 x 25

Légèrement déchiré aux plis.

B 40. — Plan de la Poudrière.

102 x 56

A l'encre, légèrement déchiré aux plis.

1771

B 41. — Plan de la Porte de Valdaour.
No. 10.

Signé M. Cordé

41 x 58

Quelqu'un mal avisé a tracé au crayon des bandes bleue, blanche et rouge (le drapeau tricolore) sur la partie supérieure de la porte.

En couleur, légèrement déchiré aux plis.

B 42. — ELEVATION DE LA PORTE DE VILLENOUR. No. 9.

Signé M. CORDÉ.

41 x 59

Légèrement déchiré aux plis

B 43 — PLAN DES VIEILLES CAZERNES ÉTABLIES DANS LA MAISON DE RAJA ZÆB, SERVANT EN 1771 DE MAGAZIN POUR LES MARCHANDISES.

No. 17.

81 x 58

En couleur, rongé par les insectes

B 44 — UN AUTRE PLAN DE PONDICHÉRY. No. 4.

121 x 87

A l encre, très endommage aux plis.

B 45 — PLAN DES CASERNES EXECUTÉ SUR LA PLACE DE PONDICHÉRY, 1771. No 23.

101 x 51

En couleur, légèrement endommagé aux plis

B 46 — FRONT ENTRE LE BASTION D'ANJOU ET CELUI DE MADRAS. No. 2, 1771.

« No. 2 » front entre le Bastion d'Anjou et de Madras.

57 x 43

A l encre, bien conservé

B 47 — PROFIL FACE GAUCHE DU Bn D'ORLEANS

No. 8, 1771.

? x 25.

A l'encre, très endommagé et il en manque quelques morceaux.

B 48 — PLAN DE LA PRISON DE LA PLACE ATTENANT AUX CAZERNES.

No. 13, 1771.

« Plan de la prison militaire et civile ».

33 x 34

A l'encre, légèrement déchiré.

B 49. — PLAN DES ÉCURIES ET DES REMISES PROJETTÉES DANS L'EMPLACEMENT DE L'ANCIEN CIMETIÈRE DU NORD.

Signé M. CORDÉ

49 x 33

En couleur, légrèment endommagé aux plis, et rongé par les insectes

B 50. — PLAN DE LA BLANCHISSERIE.

No 8.

60 x 49

En couleur, très déchiré aux plis

B 51. — PLAN DE LA DISTRIBUTION DU TERRAIN CONCÉDÉ EN REMPLACEMENT AU SUD DE LA GORGE DU BASTION ST. LOUIS.

Signé Illisible.

51 x 30

En couleur, bien conservé.

B 101. — PLAN ET ALENTOURS DE PONDICHÉRY.

No. 18, 1771.

Une grande partie de cette carte manque.

1785

B 52. — « PROFIL POUR FAIRE LA COMPARAISON DES OUVRAGES FAITS EN TERRE D'AVEC CEUX QUI DOIVENT ÊTRE REVÊTUS EN MAÇONNERIE.

> Signé. LALUSTIERE.

82 x 27

En couleur, bien conservé.

B 99. — PROFIL DE L'HOPITAL MILITAIRE RELATIF AU PROJET.

No. 32.

119 x 52

En couleur, légerement rongé par l acide de l'encre.

1786

B 94 — CARTE QUI COMPREND PLUSIEURS ALDÉES DANS LE SUD DE LA PLACE, LEVÉE EN 1786.

No. 18.

Cette carte montre Rettiarpaleom, Oulgaret, et la route de Villenour jusqu'à la rivière Gingi au Sud.

65 x 52

En couleur, déchiré aux plis et très rongé par les insectes.

1787

A 15. — PLAN GÉNÉRAL DES OUVRAGES DE FORTIFICATIONS DE PONDICHÉRY EXECUTÉS PENDANT LES ANNÉES 1785, 1786 et 1787.

No 12.

3

160 x 97

En couleur, très rongé par l'acide de l'encre et
déchiré aux plis.

B 53. — Sept profils sur une même feuille
dont un pour le Bastion d'Orleans, le
2me pour celuy d'Anjou, le 3me pour la
Courtine, entre les Bastions d'Anjou
et d'Orleans, le 4me pour le Bastion de
Madras, le 5me pour le Bastion du Nord
Ouest, le 6me pour le Bastion de Valdaour, le 7me pour le Bastion de la
Reine.

100 x 63

En couleur, déchiré aux plis,

B 54. — Dispositif des terrains conservés ou
concédés dans la partie du Nord de
la place entre le Bastion du Roy et
le Bastion d'Anjou, suivant le tracé
des ouvrages de fortification exécutés
en 1787.

Un document original signé. La Lustière
et contresigné « Conway », « Moracin ».

66 x 42

A l'encre, très déchiré aux plis.

B 55. — Front entre les Bastions d'Anjou et
d'Orleans, 1787.

57 x 43

A l'encre, légèrement rongé par les insectes.

B 56. — Profil Bastion d'Anjou.
No. 11, 1787.

« Profil pris sur la face droite du Bastion
d'Anjou dans la partie du Nord la plus
basse », la couleur jaune désigne le
projet de M. Bourcet et la rouge celui
de M. Desclaisons ».

95 x 30

En couleur, bien conserve

B 57 — PLAN ET PROFIL DU BASTION D'ORLEANS
A LA PLUME. 1787.

60 x 24

A l'encre, bien conserve

B 58. — DEUX PROFILS DONT UN SUR LA FACE
DROITE DU BASTION DE MADRAS ET L'AU-
TRE SUR LA COURTINE ENTRE CE BASTION
ET CELUI DU NORD OUEST.

200 x 32

A l'encre, bien conservé

B 59. — DEUX PROFILS SUR LES FACES DROITE ET
GAUCHE DU BASTION DU NORD OUEST.

145 x 32

A l encre, bien conserve

B 60 — PARTIE DU NORD DE PONDICHÉRY.
No 9, 1787.

65 x 47

En couleur, legèrement rongé par les insectes

B 61 — PROFIL BASTION DE VILLENOUR.
No. 7, 1787.

« Profil pris sur le milieu de la face
droite du B. Villenour. »

170 x 28

A l'encre, bien conservé

B 62 — ELEVATION INTÉRIEURE ET EXTÉRIEURE DE
LA PORTE VILLENOUR.
No. 19, 1787.

68 x 50

En couleur, déchiré aux plis et rongé par l'acide
de l'encre.

B 63 — PLAN DE LA PORTE VILLENOUR.
No. 15, 1787.

69 x 53

En couleur, légèrement déchiré aux plis

B 64 — PLAN DU PONT DE L AVANCE DE LA PORTE
VILLENOUR, 1787.
No. 23.

77 x 38

En couleur, légèrement déchiré aux plis et terni.

B 65. — PLAN ET ELEVATIONS DES CORPS DE GARDE
DANS LA DEMI LUNE DE VILLENOUR.
No. 14, 1787.

53 x 44

En couleur, bien conservé.

B 66. — PONT DE VALDAOUR.
No. 25, 1787.

84 x 28

A l'encre, bien conservé.

B 67. — ELEVATION DE LA PORTE DE VALDAOUR.
No. 10, 1787.

31 x 49

A l encre, ti es dechiré aux plis.

B 68. — FAÇADE DE L'ARSENAL SERVANT DE CA-
SERNE, DE L'ANNEE 1770.

No. 31.

Cette carte parait être du même ingénieur que la précédente, No. 67.

60 x 32

A l encre, legerement dechii é aux plis

B 69. — PARTIE DE FAÇADE SUR L'ARSENAL, MAGA-
ZIN OU CAZERNES, AVEC COUPE SUR LES
APPENTIS QUI Y SONT ADOSSÉS.

No. 34, 1787.

Sur les appentis on lit « appentis faits du
temps de M. Boyelleau ».

143 x 20

En couleur, légerement dechire aux plis

B 70. — GRAND MAGAZIN OU ON MET LES CABLES
ET AUTRES EFFETS DU MAGAZIN GENERAL.

No. 6, 1787.

84 x 33

En couleur, bien conserve.

B 71. — PLAN ET PROFIL DE L'ANCIEN MAGAZIN A
POUDRE DETRUIT.

No. 1.

49 x 35

En couleur, très dechii e aux plis.

4

B 72. — MAGAZIN A POUDRE.
No 30, 1787.

79 x 28

A l encre, très déchire aux plis.

B 73. — ELEVATION ET PROFILS DE LA POTIRNE.
No 32, 1787.

73 x 53

En couleur, un peu ronge par l acide de l encie.

B 74. — PROFIL DES CORPS DE GARDE.
No. 0, 1787.

49 x 31

A l encre, bien conservé.

B 75. — PROFIL DE L'ELEVATION DU CORPS DE GARDE ET DU PASSAGE DE LA PORTE D'EAU.
No. 31, 1787.

« Partie de l'élévation du Corps de Garde et du passage de la Porte d'Eau. Profil sur la largeur de la dite porte.

42 x 30

En couleur, légèrement déchire aux plis

B 76. — PLAN DU GODON DE BETHEL, AU DROIT.
No. 6, 1787.

58 x 42

A l'encre, un peu rongé par les insecte.

B 77 — AFFUT DE PLACES DE 16.
No. 8, 1787.

57 x 77

A l encie un peu dechire aux plis.

— 23 —

B 78. — Affut de Place de 12
No. 8, 1787.

45 x 39

A l'encre, un peu dechire aux plis

B 79. — Affut de Place de 8
No. 8, 1787.

57 x 78

A l'encre, un peu rongé par l acide de l encre

B 98. — Plan de l'ancien hopital a Pondichéry.
No. 37, 1787.

83 x 58

A l'encre, ronge par les insectes

B 102. — Plan du nouvel hopital et d'une partie de l'ancien.
No. 37, 1787

70 x 49

En couleur, un peu dechire aux plis et ronge par les
insectes.

1788

B 80. — Plan et profils de la poterne construite sur le milieu de la courtine
entre le Bastion, la Reine et celuy de
l'hopital, avec un aqueduc au dessous
1788.

73 x 53

En couleur, bien conserve.

B 81. — Plan du pont de la porte Villenour 1788.

67 x 51

En couleur, tres rongé par l'acide de l'encre

B 82. — Plan et profil de la porte de la demi lune Bastion Villenour 1788.

66 x 51

En couleur, déchiré aux plis, et rongé par l'acide de l'encre.

B 83. — Profil sur la longueur de la porte Madras 1788.

« Profil pris sur le passage de la porte Madras » *Observation* ce profil montre le pont levé et les culées du pont.

66 x 41

En couleur, bien conservé

B 84. — Plan de la porte Madras 1788.

54 x 69

En couleur, legèrement déchiré aux plis

B 85. — Profil et Elevation sur la longueur du passage de la porte de la demi lune de la porte Madras 1788.

118 x 38

En couleur, déchiré aux plis et rongé par l'acide de l'encre.

B 86. — Plan du pont et de la Porte de la demi lune de la Porte Madras 1788.

« Plan du passage et du pont de la demi lune Madras. »

91 x 47

En couleur, déchiré aux plis et rongé par l'acide de
l'encre

B 87. — PLAN ET ELEVATION DU CORPS DE GARDE
DANS LA DEMI LUNE DE LA PORTE MADRAS
1788.

42 x 46

En couleur, bien conserve.

B 88. — PLAN ET PROFIL DU PONT SUR LE FOSSE
DU CORPS DE PLACE A LA PORTE MADRAS
1788.

70 x 33

En couleur, très déchire sur les plis et ronge par
l'acide de l'encre.

B 89. — ELEVATION EXTERIEURE DE LA PETITE
PORTE MARINE DU NORD OU PORTE ST.
LOUIS 1788.

« Elévation de la Porte St Louis. »

51 x 32

En couleur, très dechire aux plis.

B 90 . — PLAN ET PROFIL DE LA PORTE ST. LOUIS
1788.

66 x 53

En couleur, très ronge par l'acide de l'encre.

B 91. — PLAN ET PROFILS DE LA PORTE D'EAU
CONSTRUITE A L'EXTREMITÉ SUD DU CANAL
PROCHE LA PORTE GOUDELOUR.

80 x 50

En couleur, un peu ronge par l'acide de l'encre.

B 92. — Plan et profils etc. du magazin a
poudre construit dans l'intérieur du
bastion Dupleix 1788.

68 x 51

En couleur, un peu déchiré aux plis

B 93. — Deux profils dont un sur la face
gauche du Bastion d'Anjou et l'autre
sur la courtine entre le Bastion
d'Anjou et de Madras.

247 x 32

Bien conservé

1789

B 95. — Plan profil et élévation d'une tour
projetée pour établir l'horloge de
la place au dessus de la porte de
l'arsenal de l'artillerie 1789.

« Plan et élévation de la tour projettée
au dessus de la porte de l'arsenal de
l'artillerie pour y placer l'horloge de la
ville et servir de beffroy. »

53 x 62

En couleur, tres légèrement déchire aux plis.

B 103. — Plan et élévation d'une porte gril-
lee projetée a l'hopital militaire
pour la 2me Com. 1789.

53 x 62

En couleu, legèrement rongé par les insectes

1828

B 96. — Plan de deux terrains concédés a
Mr. Gonfreville en mars 1828,

« Plan de deux terrains situés à Moutié-
palom demandés par Monsieur Gonfreville pour former un établissement de
teinturerie et un village de Tisserands»

« Pondichéry le 1er mars 1828, l'ingénieur
de 1re classe chargé du Service des
Ponts et Chaussées, Rabouidin.

Approuvé : l'Administrateur Général.

E Desbassayns de Richemont

59 x 42

A l encre, bien conserve.

1837

B 97. — Travaux, Canal de Souttoucany.

« Plan servant au Projet du Canal de
Souttoucany au Grand Etang pour con-
duire les eaux de crues de la Rivière
de Gingy.

59 x 46

En couleur, dechiré en huit morceaux

B 104. — Quartier Musulman de Pondichery.
No. 12, E. 7.

Le document portait la mention Mahé
1769, qui a eté corrigée au crayon en
celle de . Quartier Musulman. Parait
avoir été dressé pour l'ouverture de
deux rues dans le quartier musulman
de Pondichéry On y trouve inscrits
les noms des habitants dont les im-
meubles devaient etre expropriés.

74 x 53

Legerement déchire aux plis.

B 105. — Enceinte Projetée.

No. 24, E. 16.

Le document porte la mention. Mahé 1769. C'est indubitablement un plan de Pondichéry car il donne l'enceinte de la ville et aussi l'emplacement de la citadelle. On y lit. « La ligne rouge marque l'ancienne enceinte, la ligne noire l'enceinte projetée, la jaune le pourtour du camp retranché». Cette mention permet de fixer la date du document entre 1765 et 1769 c'est-à dire après la reprise de possession en 1765 de la ville de Pondichéry détruite par les Anglais en 1761.

48 x 30

A l encre, legernement déchiré aux plis.

ETABLISSEMENTS SECONDAIRES

Série H. Chandernagor.

Série D. Karıkal.

Série E. Mahé.

Série F. Yanaon.

Série C. Vıllenour.

CHANDERNAGOR.

H 1. — Plan de Chandernagor 1757.

« Tel qu'ıl étaıt avant le 23 mars 1757
jour de sa reddıtıon ».

115 x 58

En couleur, très endommagé, papıer usé.

H 2. — Plan de Chandernagor 1769.

117 x 80

En couleur, treₛ endommagé, papıer usé.

KARIKAL.

D 1. — Karikal mars 1788.

« Plan de la Rıvıère de Karıkal levé en
mars 1788 par Mr. Monisse, arpen-
teur. »

50 x 39

En couleuı, tıₑs légèement déchıre aux plıs

D 2. — Plan, 27 octobre 1776.

Plan d'une donation faite par Naradayen-
gar à Néravy.

56 x 44

Bien conservé.

D 3. — KARIKAL.

« Terrains concédés par M. Paradis aux
« habitants en échange de celuy qui
« leur a esté pris pour faire le fort. »

Ce plan semble être un morceau d'un
plus grand.

36 x 23

Bien conservé.

D 4. — PLAN DE COTÉPACOM.

« Levé en 1790 par Monisse, Arpen-
teur Juré du Roy.

37 x 24

A l'encre, bien conservé.

MAHÉ

1766

E 3. — PROJETS, FORT NELLISERAN 1766.
No. 18.

59 x 44

Déchiré aux plis

E 4. — NELLISERAN ET RAMATALLY 1766.
No. 17.

— 31 —

« Plan de Nelliseran et Ramatally 1766 ».

95 x 70

Tiès endommagé

1767

E 5. — Plan d'une redoute projetté a Nelis-
seran.
No. 78, 1767.

,56 x 79

En couleur, légèrement ronge par les insectes.

E 6. — Plan de Mahe et ses environs.
No. J. 14, 11 Mars 1767.

89 x 60

En couleur, tres déchiré aux plis,

M 3. — Projet du Fort de Ramataly.
No. 19, 1767.

43 x 59

Légèrement rongé par les insectes

1769

E 8. — « Plan du projet pour la fortification
de Mahé. »

94 x 64

En couleur, déchire aux plis.

E 9. — Fort Mahé M 41 / 1769.

34 x 45

En couleur, légerement rongé par les insectes

E 10. — Fort Dauphin et fort Conde.

57 x 46

En couleur, bien conservé.

E 11. — GRANDE MAISON DE LA SALLE MORE OCCU-
PÉE PAR MR. LEFEBVRE.

57 x 35

Bien conservé

E 12. — BATTERIE BASSE DU FORT DE MAHÉ SER-
VANT A DEFFENDRE L'ENTRÉE DE LA
RIVIÈRE.
No. 1/A/1769.

44 x 30

En couleur, bien conservé.

E 13. — BATTERIE DES ROCHES. No. 27/K.
RECONSTRUITE SUR SES ANCIENS FONDE-
MENTS.

51 x 33

En couleur, légèrement rongé par les insectes.

E 14. — REDOUTE EN TERRES AU BAS DE LA MON-
TAGNE VERTE.

47 x 32

En couleur, légèrement rongé par les insectes.

E 15. — REDOUTE EN TERRE,

« Construite en terre dans la partie basse
du sommet de la Montagne verte. »

34 x 37

En couleur, bien conservé

E 17. — PLAN DE MAHÉ, 7 JUILLET.
No. 3.

Ce plan est celui d'un immeuble dont la
destination est indiquée par ce seul
mot : Directeur.

51 x 33

En couleur, bien conservé.

E 18. — Plan du Bureau des Livres

57 x 44

Bien conservé

E 19. — Mahé, 1769 F 7, Batiments.

« Batiments exécutés et projettés en
Face du Gouvernement à Mahé. »

44 x 27

En couleur, bien conservé

1778

E 20. — Plan de la Chauderie et boutiques
dépendantes, Mahé 1778 - 15 mars.

« Par nous, Capitaine d'Infanterie, Ingénieur en 2nd de Pondichéry, à Mahé
R. de Ranger. »

47 x 60

En couleur, déchiré aux plis.

E 21. — Mahé et ses environs, 1778

106 x 45

En couleur, tres déchiré aux plis

E 22 — Magazin Général de Mahé.

« 15 mars 1778, fait par nous, Capitaine
d'Infanterie Ingénieur en 2ⁿᵈ de Pondichéry, à Mahé le 15 Mars 1778 R. de
Ranger. »

72 x 52

En couleur, déchiré aux plis et sur les bords.

E 23. — Mahé, Coupe du Magazin Général 1778

« Par nous, Capitaine d'Infanterie, Ingénieur en 2ⁿᵈ de Pondichéry, à Mahé
le 15 mars 1778, R. de Ranger. »

85 x 34

En couleur, très déchiré aux plis.

E 24 — Plan du Comptoir de Mahé et de la
Province de Coringotte-Nair.

« Copié d'après le Plan fait par ordre de
« M. de Bellecombe, Général des Camps
« et Armées du Roi, Commandant Géné-
« ral des Etablissements dans l'Inde et
« Gouverneur de Pondichéry.

« Levé en 1778 par Mr. R. de Ranger,
« ingénieur en second de Pondichéry.

« Certifié conforme à la copie déposée
« aux Archives du Gouvernement le
« 1ᵉʳ Mars 1817. »

L'Intendant Général; Signé T. Dayot.

Le Gouverneur civil ; Signé le Cᵗᵉ Du Puy
Copie récente sur tissu calque.

65 x 50

SANS DATE

E 1. — PLAN DE MAHÉ.

63 x 42

En couleur, déchiré aux plis

E 2. — PLAN DE MAHÉ.

62 x 41

Déchiré aux plis.

L 1. — PLAN DE MAHÉ ET DES ENVIRONS

Les trois documents ci-dessus sont probablement des copies du plan levé en 1778 par de Ranger.

57 x 48

En couleur, très déchiré.

YANAON

F 1. — LOGE FRANÇAISE D'YANAON 1756.
Plan du bâtiment et de la Loge.

69 x 53

Bien conservé.

F 2. — YANAON 1756.

Carte du territoire de Yanaon.

64 x 83

En couleur, très en mauvais état

F 3. — PLAN DE YANAON 1756.

Ce plan a été catalogue par erreur en 1885 comme plan d'Yanaon ; c'est le plan de la Loge anglaise de Nélapélly, comme l'indique une inscription de l'époque.

58 x 84

En couleur, déchiré aux plis.

F 4. — PLAN D'YANAON, SANS DATE.

Carte générale donnant la position d'Yanaon, Nélapelly et Coringuy et les mouillages des navires.

70 x 51

En couleur, déchiré aux plis.

VILLENOUR

C 1. — PLAN DU FORT DE VILLENOUR 1782.

39 x 34

En couleur, bien conservé.

C 2. — PETIT PLAN DU FORT DE VILLENOUR.

No. 29, 1787.

44 x 30

Bien conservé.

DIVERS.

ARCATTE.

N 4. — Projet sur Arcatte 1758
No. 20.

49 x 30

Au crayon, bien conservé.

BALASSOR.

L 1. — Loge française de Balassor, 12 aout
1765.

Plan de la façade et des bâtiments de la
Loge.

58 x 43

En couleur, un peu terni.

BOMBAY.

N 11. — Plan de Bombay 1758.

88 x 60

En couleur, très déchiré aux plis.

N 12. — Bombay 1758.

Cette carte donne une vue de la maison
de campagne du Gouverneur de Bombay, située à environ 4 miles de la
ville.

44 x 28

En couleur, bien conservé.

N 10. — PLAN DE BOMBAY, 1767.

85 x 57

En couleur, légèrement déchiré.

N 13. — PLAN DE LA RIVIÈRE QUI SEPARE L'ISLE SALCETE DE L'ISLE DE BOMBAY.
No. 25, 1767.

« Plan of the River which divides Salset from Bombay ».

Carte anglaise.

68 x 49

En couleur, très rongé par l'acide de l encre.

CALCUTTA

N 2. — FORT WILLIAM, 1759.

49 x 37

A l'encre, légèrement déchiré.

CAMBAY.

N 17. — PLAN DE CAMBAY. MARS 1775.

« Plan de Cambay avec le campement des troupes anglaises de Narausk, mars 1775 »

67 x 101

Légèrement déchiré aux plis et rongé par l'acide de l'encre.

COCHAIN.

M 5. — PLAN DE COCHAIN.

« Plan de Cochin aux Hollandais à la
Côte Malabare »

Plan du fort de Cochin sans inscription
de date, supposé être de 1775.

36 x 23

Légèrement déchiré aux marges.

L 3. — Concession a la France par le Nabab
Salabetzingue avec la signature du
Duc de Charost.

« Carte des diverses concessions faites
« aux Français par le Nabab Salabet-
« zingue, sur la cote d'Oriza, en consi-
« dération des services de M de Bussy »

59 x 32

En bon état de conservation

DACCA.

Q 14. — Ville inconnue.

Le mot : Dacca et la date 1772, d'une
inscription récente sont suivis de points
d'interrogation. C'est fort probablement un plan de la Loge de Dacca.

49 x 37

En couleur, légèrement déchiré aux plis

L 2. — Plan du Comptoir de Dacca et de tous
les.... qui en dépendent, 1785.

Porte la signature de Fouquet de Cham-
pigny, député commissaire pour la re-

prise de possession de Dacca et Se-
rampour.

No. 7.

73 x 63

Déchiré aux plis

DEVICOTTE.

N 19. — PLAN DE DEVICOTTE, 1766.

60 x 49

En couleur, déchiré aux plis

FRANCEPETTAH.

M 4 — PLAN DE FRANCEPETTAH 1787 (MAZULI-
PATAM).

65 x 50

Bien conservé

GANJAM.

N 18. — RIVIÉRE DE GANJAM, 1771.

120 x 61

Croquis a l encre et au crayon, bien conserve

GOUDELOUR.

M 5 — PROFILS DIVERS DU FORT GOTT.

Approuvé et ordonné d'exécuter ce 21
Août 1782.

Signé   LE CT D HOTELIZE

3 Plans mesurant chacun

32 x 21

En couleur, un peu rongé par les insectes.

O 1. — PLAN FIGURÉ DE GOUDELOUR.

« Levé immédiatement après la capitulation
« de la place rendue le 4 avril 1782 ».

(Sur le revers) « un état des fortifica-
« tions de la ville de Goudelour dressé
« immédiatement après la Capitulation
« de la place, rendue le 4 avril 1782 ».

53 λ 38

En couleur, déchiré aux plis et rongé par les insectes

O 2 — PROFILS DU FORT GOTT ET DE L'ENCEINTE
DE GOUDELOUR ET PLAN DE BATIMENTS
CIVILS.

14 plans : 134 x 96

En couleur et bien conservé.

O 3 — PLAN DE GOUDELOUR POUR MONTRER LES
DIFFÉRENTES POSITIONS PRISES PAR LES
ARMÉES DU ROI ET LES ARMÉES DES
ANGLAIS PENDANT LA CAMPAGNE EN 1783

Ce plan montre les positons pendant la
bataille de 13 juin 1783.

165 x 120

Tellement rongé par l'acide de l'encre qu'il s'effrite
en moreaux

MADRAS

N 5 — PLAN DE RECONNAISSANCE DE MADRAS, DE
MRS. DU CORPS ROYAL.

« Au camp devant Madras le 21 Décembre 1758 ».

Signé   D'URRE

8

55 x 39

En couleur, déchiré aux plis

N 3. — ANCIENS PROJETS DES ATTAQUES DE MA-
DRAS, 1759.

55 x 39

En couleur, très déchiré aux plis

N 6. — PLAN DE RECONNAISSANCE DE MADRAS ET
AUTRES PIÈCES, 1759.

74 x 46

En couleur, déchiré sur les marges.

B 9 — PLAN DE FORTIFICATIONS SANS DÉSIGNA-
TION

Ce plan portait incorrectement le nom
de Pondichéry, mais en le comparant
avec les plans ci-dessus de l'attaque
sur Madras, on constate que c'est, sans
aucun doute, un plan détaillé des tran-
chees contre la face nord-est du Fort
St. George, Madras

31 x 46

Bien conservé

MER ROUGE.

M 2. — TRACÉ AU CRAYON DE LA MER ROUGE,
1766.

Rien n'indique à quelle partie de la Mer
Rouge se rapporte ce tracé.

103 x 68

Légerement déchiré.

PROVINCE DE NARZARPOUR

N 20. — Province de Narzarpour, 1756.

« Plan particulier de la province de Nar
« zarpour et partie de celle de Masuli-
« patam. Fait en 1756 par le sieur Duez
de Fontenay »

81 x 52

En couleur, déchiré aux plis,

PROVINCE DE NIZAMPATNAM

N 14 — Plan particulier de la Province de Nizampatnam, 1756.

« Plan particulier de la province de Ni-
« zampatnam et partie du Condavir
« par le sieur Duez de Fontenay »

63 x 32

En couleur, bien conservé.

PEGU

N 15. — Plan de la cote de Pegu, 1769.

89 x 61

Ti es endommagé

SIAM

N 16. — Loges français et hollandaises a Siam, 1770.

Plan des bâtiments.

86 x 73

Bien conservé.

TANJAOUR

N 7. — ROUTE DE NÉGAPATAM AU TANJAOUR, 1757.

33 x 131

A l'encre, rongé par les insectes.

N 8 — CAMP DE TANJAOUR, 1757.

« Plan de la ville de Tanjaoui, de ses at-
« taques et de camp de l'armée fran-
« çaise ainsi que l'attaque générale de
« tous nos postes par les ennemis, qui
« furent partout repoussés avec une
« perte redoutable.

48 x 30

A l encre, déchiré aux plis et rongé par l'acide de
l'encre

N 9. — ATTAQUES DE TANJAOUR, 1757.

60 x 49

A l'encre, légèrement rongé par les insectes.

TALICHÉRY

M 4. — PLAN DE TALICHÉRY, 1775.

« Plan de la Ville et du port de Talichéry
« aux Anglais à la côte malabare ».

31 x 27

Légèrement rongé par les insectes

TRICHINOPOLY

N 1. — FRONT DE TRICHINOPOLY DU COTÉ DE
CHERINGAM, 1760.

66 x 58

Très déchiré aux plis.

APPENDIX I

Exposition Militaire des Operations des Français
dans l'Inde sur la cote de Coromandel depuis
leur débarquement a Porte-Nove
le 13 Fevrier 1782.

Grande carte en dix sections, montée sur toile.

Don de Mr. Henri Galbele

Echelle :

Lieues françaises de 3.000 pas géométriques ou
2.500 toises

Lieues marines de 20 au degré.

Cosses façon de compter des maures.

Codons grandes lieües malabares.

Najy petites lieües malabares.

Sur la partie inférieure de la carte se trouvent
l'inscription, les croquis et les plans qui suivent.

Vues et plans des places les plus considerables qui
se trouvent dans l'espace du terrain parcouru par
l'armée françoise pendant les campagnes de 1782 et
1783.

1. Croquis : Gingi vue du coté de l'Est.

2. Croquis. Vue du fort de Permacovil.

3. Plan : Valdaour.

4. Plan: VILLENOUR

5. Plan GOUDELOUR rendu aux François par capitulation le 5 Avril 1782.

6 Plan: CHETOUPET.

7. Croquis: Vue de PONDICHERY du coté du Nord.

8 Plan: Plan du siége de PERMACOVIL.

9. Plan: Pagode de CHALEMBRON.

10. Plan. Etat actuel de VANDAVACHI démoli par les Anglais le 12 Février 1783.

11. Plan PORTO-NOVO ou s'est fait le débarque ment de l'armée françoise le 13 Février 1782

12. Plan. HARNY au Nabab du Carnate.

LISTE DES SECTIONS.

183 x 45

SECTION 1. TRICHINOPOLY au Sud à VEPOUR au Nord, de TOREOUR à l'Ouest à MASSECONNOU à l'Est.

SECTION 2 TANJOUR au Sud à VETHEVELOU au Nord, de ELANGADOU à l'Ouest à VERDACHALEM à l'Est.

SECTION 3. Du COLEROON au Sud à GINGEE au Nord, de PANDOUR à l'Ouest à BAHUR à l'Est.

SECTION 4. De NEGAPATAM au Sud à PONDICHÉRY au Nord, de VILLENOUR à l'Ouest á la MÉR à l'Est.

SECTION 5. Vues de GINGI, PERMACOVIL et PONDICHÉRY.

Plans de Valdaour, Villenour, Goudelour et Chetoupet.

Section 6. Des Sept Pagodes au Sud à Paliacate au Nord.

Plans de Permacovil, pagode de Chalembron, Vandavachi Porto-Novo et Harny.

Section 7. De Alemparvé au Sud à Chinglepet au Nord, de Varagour à l'Ouest a Sadras à lEst et une portion des échelles.

Section 8. De Gingi au Sud à Caveripack au Nord, de Chetoupet à l'Ouest à Permacovil, à l'Est et une portion du titre.

Section 9. De Penatour au Sud à Arcate au Nord, de Velour a l'Ouest à Harny a l'Est et une portion du titre

Section 10 De Toneaupete au Sud à Paliconda au Nord, de Chevadepaleom a l'Ouest a Matour a l'Est et le commencement du titre.

APPENDIX II

———▸—✱—◂———

Liste de vieilles cartes qui se trouvent aux archives a l'hotel du Gouvernement a pondichéry.

1. « Map of the French Territory in Malabar
« in & about Mahé, being the territory recognised in the
« possession of France in and about that place in 1791
« proposed to be now transferred agreeable to Treaty of
« Paris 1814. From the survey executed in July 1802. »

« The portion of this map coloured azure denotes
« what was restored to France on the 24 th February 1817
« and I protest in the name of the Governor in Council
« of Madras against any claim on the part of the French
« Governoment to a greater extent of territory as disal-
« lowed and inadmissible

Signed   J. S Fraser.

Commissionner for conducting the restitution of the
French Settlements.

« En apposant nos signatures à la carte de Mahé,
« nous déclarons que le terrain qui nous est aujourd'hui
« rendu et qui est renfermé dans les limites tracées sur
« ladite carte, ne comprend qu'une portion du territoire
« que nous possédions en 1778 et qui nous a été retro-
« cédé à la paix de 1785, en conséquence nous persis-
« tons ici dans nos précédentes réclamations, sur les-
« quelles les Gouvernements respectifs en Europe auront
« a prononcer »

Fait triple à Pondichéry le 5 Mars 1819.

Signé   J Dayot   Lr Cte Dupuy

« Joint à la lettre du Ministère du 22 Mai 1822 »

Observation. Ce document est une copie photographique d'un original qui ne se trouve pas à Pondichéry.

2. Une copie de la carte nº 1 ci-dessus faite par Félix Hypolite Lefevre.

Copie phothograpique. Très rongée par les insectes

3 Plan de la ville de Surate et du Jardin Français dressé en 1758 sous l'inspection du Sr Anquetil de Briancourt, alors Chef de la Nation Française a Surate.

Copie photographique. Bien conservée L original n est pas a Pondichéry

4 « Carte descriptive exécutée pour éclairer « certaines prétentions élevées par le Gouvernement « français sur les terres situées a l'autre côté du « fossé qui sert de limite a Chandernagor, avec une « nouvelle disposition montrant la limite proposée en « amont de la rivière Hoogly, faite en mai 1851 et « avril 1852. »

Le document porte plusieurs signatures françaises et anglaises.

Copie photographipue. L'original n'est pas a Pondichéry

5. Plan de Bamonnegottha (près de Casimbazar)

Levé par Calmar en 9 bre de l'année 1767.

Copie photographique Aucun original ne se trouve a Pondichéry

6 Indes Orientales. Côte d'Orixa.

« Plan de la ville de Mazulipatam aux anglais, par « M. Lafite de Brassier, Ingénieur des Colonies »

Sans date.

Copie photographique Aucun original ne se trouve à Pondichéry.

9

·7.· Plan de Chandernagor.

« Au Port Louis, île, de France, le 4 mars 1784 »

Signé Lamothe de Solminihac

Copie photographique. L original n'est pas a Pondichéry.

8   « Cassimbazard et l'étendue de l'aldée » marquée au coin « vers 1729 no 366 »

Copie photographique   L'original n'est pas à Pondichéry.

9. « Plan de la loge de Cassimbazard a la Compagnie de France » marqué au coin « vers 1729 no 369 », cette carte donne aussi un profil de la loge.

Copie photographique   L'original n'est pas à Pondichéry.

APPENDIX III

7. MAP OF THE COUNTRY ABOUT PONDICHERRY 1807.

En couleur.

8 MAP OF PONDICHERRY EXHIBITING THE PROPOSED EXCHANGES BY D. SIM 23 JANUARY 1810.

En couleur

9. MAP OF THE DISTRICTS BELONGING TO THE FRENCH GOVERNMENT DEPENDANT ON PONDICHERRY 1816.

En couleur.

10 MAP OF PONDICHERRY AND ITS ENVIRONS EXHIBITING THE PROPOSED EXCHANGE OF VILLAGES 1820.

En couleur.

OBSERVATIONS.

1. Le gouvernement de Bombay m'a écrit qu'il n'existe aucune carte de Surate ou des autres Etablissements français, aux archives de Bombay.

2. The Map and Record Office Calcutta demande un cautionnement de 35 roupies avant même de commencer une recherche, laquelle somme n'est pas remboursable. J'ignore quelles cartes des Etablissements français peuvent se trouver au Record Office de Calcutta

APPENDIX IV

www.ingramcontent.com/pod-product-compliance
Ingram Content Group UK Ltd.
Pitfield, Milton Keynes, MK11 3LW, UK
UKHW020036100726
13658UKWH00003B/1355